The Fantastic Night: Bilingual Swedish-English Children's Stories

Artici Kids

Published by Artici Kids, 2024.

THE FANTASTIC NIGHT: BILINGUAL SWEDISH-ENGLISH CHILDREN'S STORIES

First edition. July 6, 2024.

Copyright © 2024 Artici Kids.

ISBN: 979-8227309945

Written by Artici Kids.

Table of Contents

Kapten Snurrfots Skattkarta

I en liten, glittrande bukt vid kanten av den stora, blåa havet, bodde en ovanlig pirat. Han hette Kapten Snurrfot och var känd för sin karaktäristiska snurrande gång. Ingen visste riktigt varför han gick runt i cirklar hela tiden, men det gjorde honom till den mest underhållande piraten på hela sju haven.

Kapten Snurrfot hade en gammal, sliten skattkarta som han alltid bar med sig. Kartan var inte som andra kartor. Den var inte bara gammal och skrumpen; den var också full av färgglada, dansande figurer, och ibland verkade det som om den rörde på sig. Ingen kunde riktigt förstå kartan, för den verkade vara som ett stort mysterium.

En dag, när solen sken och vinden var precis rätt för en äventyrsresa, bestämde Kapten Snurrfot att det var dags att lösa kartans gåta. Med sin trogna besättning, som bestod av en pratande papegoja vid namn Polly och en liten, knubbig mus som hette Musse, satte han segel.

De seglade över stormiga hav och genom mystiska dimmor, och snart fann de sig vid en ö som inte liknade någon annan. Öns stränder var täckta av glittrande snäckor, och träden hade blad som glimmade i alla regnbågens färger. Det var en plats där allt verkade magiskt och förtrollande.

Kapten Snurrfot tog fram sin skattkarta, och figurerna på kartan började genast dansa och hoppa omkring. Polly, som var expert på att tolka den konstiga kartan, förklarade att de behövde hitta en gammal ek, som var både röd och gul.

"Åh, en ek som är röd och gul?" frågade Kapten Snurrfot medan han snurrade runt och nästan snubblade över en korg med frukt.

"Ja, precis!" svarade Polly entusiastiskt. "Och vi måste följa den väg som kartan visar."

De letade över hela ön, men trots deras ansträngningar kunde de inte hitta någon ek som var röd och gul. Musse, som hade blivit lite orolig, föreslog att de kanske skulle ta en paus och äta lite frukt. De satte sig ner på stranden och njöt av saftiga mangofrukter och söta bär.

Plötsligt började Musse titta noggrant på en av frukterna, och hans små ögon började lysa. "Titta!" sa han. "Den här frukten är både röd och gul! Kanske är det ett tecken!"

Kapten Snurrfot och Polly blev nyfikna och bestämde sig för att följa Musse. De följde den röda och gula frukten, och det ledde dem till en gammal ek som stod gömd bakom en hög av glittrande snäckor. Trädet var faktiskt rödaktigt med gula streck på sina grenar!

Kapten Snurrfot och hans besättning började gräva vid roten av trädet. Efter en stund av ivrigt grävande stötte de på en gammal, rostig kista. Med hjälp av Polly och Musse lyckades de få upp locket. Inuti kistan fanns det inte bara guld och juveler, utan också en vacker bok med sagor och en magisk skruvmejsel.

"Wow!" utropade Kapten Snurrfot. "Det här är en fantastisk skatt! Men det verkar som att den största skatten är boken med sagor. Tänk att vi har hittat en skatt som kan ge oss massor av nya äventyr!"

Kapten Snurrfot och hans besättning var överlyckliga och seglade tillbaka till sin lilla bukt. De satte sig ner och läste sagor från den magiska boken. Varje kväll delade de historier om deras äventyr och skrattade åt de knasiga situationer de hade varit i. Det visade sig att den största skatten inte var det glänsande guldet eller de dyra juvelerna, utan de minnen och äventyr de hade upplevt tillsammans.

Och så, i sin lilla bukt, fortsatte Kapten Snurrfot att gå runt i cirklar medan han planerade sina nästa stora äventyr, med Polly som hans trogna följeslagare och Musse som alltid hade de klokaste idéerna.

Captain Twirlyfoot's Treasure Map

In a small, sparkling cove at the edge of the great blue sea, lived an unusual pirate. His name was Captain Twirlyfoot, known for his characteristic twirling gait. No one quite knew why he spun around in circles all the time, but it made him the most entertaining pirate on all seven seas.

Captain Twirlyfoot had an old, tattered treasure map that he always carried with him. The map was unlike any other. It wasn't just old and crumpled; it was also full of colorful, dancing figures, and sometimes it seemed like it moved on its own. No one could quite make sense of the map, as it seemed to be one big mystery.

One day, when the sun was shining and the wind was just right for an adventure, Captain Twirlyfoot decided it was time to solve the map's riddle. With his loyal crew, consisting of a talking parrot named Polly and a small, chubby mouse named Musse, he set sail.

They sailed over stormy seas and through mysterious mists, and soon they found themselves at an island like no other. The island's shores were covered with sparkling shells, and the trees had leaves that shimmered in all the colors of the rainbow. It was a place where everything seemed magical and enchanting.

Captain Twirlyfoot took out his treasure map, and the figures on the map immediately began to dance and hop around. Polly, who was an expert at interpreting the strange map, explained that they needed to find an old oak tree that was both red and yellow.

"Oh, a tree that is red and yellow?" asked Captain Twirlyfoot while spinning around and almost tripping over a basket of fruit.

"Yes, exactly!" Polly answered enthusiastically. "And we must follow the path the map shows."

They searched the entire island, but despite their efforts, they couldn't find any oak tree that was red and yellow. Musse, who had become a bit worried, suggested they might take a break and eat some fruit. They sat down on the beach and enjoyed juicy mangoes and sweet berries.

Suddenly, Musse started to look closely at one of the fruits, and his little eyes began to shine. "Look!" he said. "This fruit is both red and yellow! Maybe it's a sign!"

Captain Twirlyfoot and Polly became curious and decided to follow Musse. They followed the red and yellow fruit, which led them to an old oak tree hidden behind a pile of sparkling shells. The tree was indeed reddish with yellow streaks on its branches!

Captain Twirlyfoot and his crew began to dig at the base of the tree. After a while of eager digging, they stumbled upon an old, rusty chest. With the help of Polly and Musse, they managed to open the lid. Inside the chest was not only gold and jewels but also a beautiful book of stories and a magical screwdriver.

"Wow!" exclaimed Captain Twirlyfoot. "This is an amazing treasure! But it seems like the greatest treasure is the book of stories. Imagine finding a treasure that can give us many new adventures!"

Captain Twirlyfoot and his crew were overjoyed and sailed back to their small cove. They sat down and read stories from the magical book. Every evening, they shared tales of their adventures and laughed at the silly situations they had been in. It turned out that the greatest treasure was not the shiny gold or expensive jewels, but the memories and adventures they had experienced together.

And so, in their little cove, Captain Twirlyfoot continued to spin around in circles while planning his next great adventures, with Polly as his faithful companion and Musse always having the wisest ideas.

Äventyr med Palle Pigg

Det var en gång en liten, rödgrisk gris som hette Palle Pigg. Palle var inte som andra grisar. Han var känd i hela den lilla byn för sin ovanliga förmåga att göra alla omkring sig glada. Han hade ett speciellt sätt att göra allt lite roligare, och hans stora dröm var att få uppleva de mest fantastiska äventyren världen hade att erbjuda.

Palle bodde i ett charmigt, litet hus med ett rosa tak och en trädgård full av vackra blommor och färgglada grönsaker. Hans hus var alltid städat och prydligt, och Palle älskade att tillbringa tid där, men han drömde om att utforska världen utanför sin lilla by.

En solig dag när Palle var ute och vattnade sina blommor, hörde han ett mystiskt ljud. Det lät som en kombination av fnissande, skratt och ett mjukt klapprande. Han följde ljudet och upptäckte att det kom från en grupp glittrande fjärilar som fladdrade omkring en gammal, magisk bok som låg gömd bland buskarna.

Palle plockade upp boken och borstade bort lite jord från omslaget. Den var vackert illustrerad med gnistrande guld och silver, och titeln på framsidan var "Den Försvunna Skattkartan". Palle öppnade boken och såg en gammal karta med en rutt som ledde till en mystisk ö. Boken innehöll också instruktioner om hur man kunde lösa gåtor för att hitta en gömd skatt.

Palle blev mycket förväntansfull och bestämde sig för att följa kartan. Han började planera sitt äventyr och packade en liten ryggsäck med allt han trodde att han kunde behöva: en ficklampa, en vattenflaska, några smörgåsar, och en stor portion mod. Han sa hej då till sina vänner i byn, som alla var glada för hans skull och önskade honom lycka till.

Den nästa morgonen begav sig Palle ut på sitt stora äventyr. Han gick längs den gamla vägen som kartan visade och kom snart till en gammal bro som ledde över en porlande flod. På andra sidan bron såg han ett stort, grönt berg med en massa snö på toppen. "Det måste vara dit jag ska," tänkte Palle och började klättra upp för berget.

När han kom till toppen av berget, såg han att det var täckt av glittrande, frusna blommor. Palle blev förvånad och funderade över hur han skulle komma vidare. Då hörde han en röst som sa: "För att fortsätta, måste du lösa en gåta!"

Palle såg sig omkring och upptäckte en gammal, vis uggla som satt på en gren. Ugglan berättade att gåtan var: "Jag är något som är fullt av hål, men kan fortfarande hålla vatten. Vad är jag?" Palle tänkte efter och kom snart på svaret: "En svamp!"

Ugglan nickade och sa: "Bra jobbat! Nu kan du gå vidare. Följ den glänsande stigen ner från berget, så kommer du till nästa ledtråd."

Palle följde den glänsande stigen och kom till en stor, klar sjö. Vid sjöns kant såg han en liten ö med en gammal, knarrande båt vid sidan. Han tog mod till sig och paddlade över sjön till ön. På ön fanns det en gammal, skruttig trädkoja.

Inuti trädkojan hittade Palle en ny karta som visade en hemlig grotta under en regnbåge. Han förstod att han måste hitta regnbågen för att hitta grottan. Palle paddlade tillbaka över sjön och letade efter regnbågar i den klarblå himlen. Till hans glädje såg han snart en vacker regnbåge som sträckte sig över himlen.

Han följde regnbågens slut och fann en stor, stenig grotta. I grottans djup hittade han en stor, glittrande skattkista som var täckt av gnistrande ädelstenar. När han öppnade kistan, fann han att den var full av alla möjliga underbara saker: guldmynt, juveler och en mycket speciell, gyllene bok.

Palle plockade upp den gyllene boken och började bläddra igenom den. Det visade sig att det var en bok om fantastiska äventyr och sagor från hela världen. Han insåg att den verkliga skatten inte var det glänsande guldet eller juvelerna, utan de fantastiska historierna och drömmarna den innehöll.

Med sitt hjärta fyllt av glädje och ett huvud fullt av fantastiska äventyr, började Palle gå tillbaka till sin lilla by. Han återvände som en hjälte och delade sina berättelser med sina vänner, som lyssnade med stora ögon och beundrade hans mod och upptäckter.

Palle fortsatte att läsa de magiska sagorna för sina vänner varje kväll och planerade fler äventyr för framtiden. Han visste att det verkliga äventyret var att få upptäcka världen, göra nya vänner och lära sig mer om det stora, underbara universumet omkring honom.

Och så, med ett hjärta fullt av glädje och en själ full av äventyrslust, fortsatte Palle Pigg att sprida glädje och magi var han än gick, och gjorde varje dag till ett nytt och fantastiskt äventyr.

Adventures with Palle Pigg

Once upon a time, in a small, charming village, there lived a little, rosy-pink pig named Palle Pigg. Palle was not like other pigs. He was famous throughout the village for his unique ability to make everyone around him happy. He had a special knack for making everything just a bit more fun, and his biggest dream was to experience the most fantastic adventures the world had to offer.

Palle lived in a cozy little house with a pink roof and a garden full of beautiful flowers and colorful vegetables. His house was always clean and tidy, and Palle loved spending time there, but he dreamt of exploring the world beyond his small village.

One sunny day, while Palle was watering his flowers, he heard a mysterious sound. It was a combination of giggling, laughter, and a soft, clapping noise. He followed the sound and discovered it was coming from a group of sparkling butterflies fluttering around an old, magical book hidden among the bushes.

Palle picked up the book and brushed off some dirt from the cover. It was beautifully illustrated with shimmering gold and silver, and the title on the front read "The Lost Treasure Map." Palle opened the book and saw an old map with a route leading to a mysterious island. The book also contained instructions on how to solve riddles to find a hidden treasure.

Palle was very excited and decided to follow the map. He began planning his adventure and packed a small backpack with everything he thought he might need: a flashlight, a water bottle, some sandwiches, and a big dose of courage. He said goodbye to his friends in the village, who were all excited for him and wished him good luck.

The next morning, Palle set off on his grand adventure. He walked along the old road shown on the map and soon came to an old bridge crossing a bubbling stream. On the other side of the bridge, he saw a large, green mountain with snow on top. "That must be where I need to go," thought Palle, and he began to climb the mountain.

When he reached the top of the mountain, he found it covered with sparkling, frozen flowers. Palle was amazed and wondered how he would proceed. Then he heard a voice say, "To continue, you must solve a riddle!"

Palle looked around and saw an old, wise owl sitting on a branch. The owl told him the riddle: "I am something that is full of holes but can still hold water. What am I?" Palle thought for a moment and soon came up with the answer: "A sponge!"

The owl nodded and said, "Well done! You can now continue. Follow the glittering path down the mountain, and you will find the next clue."

Palle followed the glittering path and arrived at a large, clear lake. At the edge of the lake, he saw a small island with an old, creaky boat beside it. He bravely paddled across the lake to the island. On the island, he found an old, rickety treehouse.

Inside the treehouse, Palle discovered a new map showing a secret cave under a rainbow. He realized he needed to find the rainbow to locate the cave. Palle paddled back across the lake and searched the clear blue sky for rainbows. To his delight, he soon saw a beautiful rainbow stretching across the sky.

He followed the end of the rainbow and found a large, rocky cave. Deep inside the cave, he discovered a big, glittering treasure chest covered with sparkling jewels. When he opened the chest, he found it was filled with all sorts of wonderful things: gold coins, jewels, and a very special golden book.

Palle picked up the golden book and began flipping through it. It turned out to be a book of fantastic adventures and tales from around the world. He realized that the real treasure was not the shiny gold or jewels, but the amazing stories and dreams it contained.

With his heart full of joy and his head full of fantastic adventures, Palle made his way back to his little village. He returned as a hero and shared his stories with his friends, who listened with wide eyes and admired his bravery and discoveries.

Palle continued to read the magical tales to his friends every evening and planned more adventures for the future. He knew that the true adventure was discovering the world, making new friends, and learning more about the vast, wonderful universe around him.

And so, with a heart full of joy and a soul full of adventure, Palle Pigg continued to spread happiness and magic wherever he went, making each day a new and fantastic adventure.

Olga Ugglas Fantastiska Natt

I en djupt mörk skog, där träden var så gamla att de nästan viskade hemligheter till varandra, bodde en ovanlig uggla som hette Olga. Olga var ingen vanlig uggla. Hon hade stora, briljanta ögon som glittrade som stjärnor, och hennes fjädrar hade alla regnbågens färger. Varje natt flög hon omkring, inte bara för att jaga möss eller sniglar, utan för att sprida glädje och magi över hela skogen.

Men Olga hade en hemlighet som ingen annan visste. Varje fullmåne, när månen var rund och lysande, kunde Olga utföra en speciell typ av magi. Hon hade upptäckt detta när hon var liten och i många år hade hon använt sina krafter för att hjälpa de varelser som bodde i skogen.

En kväll när fullmånen lyste extra starkt, och alla djuren i skogen förberedde sig för en stor fest, hade Olga fått ett speciellt uppdrag. Skogens kung, en gammal och vis älg vid namn Albin, hade skickat bud efter henne.

"Olga, du måste hjälpa oss," sade Albin när Olga landade vid hans majestätiska ek. "Det har kommit rapporter om att en mystisk, magisk blomma, kallad Nattens Drottning, har försvunnit från skogen. Utan den kommer vår fest att bli en katastrof! Ingen vet var den har tagit vägen."

Olga nickade allvarligt. "Jag ska göra mitt bästa för att hitta den. Jag känner till alla skogens gömda ställen, och jag kommer att börja genast."

Albin gav henne en liten, glittrande amulett som skulle hjälpa henne att hitta den försvunna blomman. "Denna amulett har magiska egenskaper som kan leda dig till Nattens Drottning. Följ den stjärnklara vägen, och den kommer att visa dig vägen."

Olga tackade Albin och flög iväg, hennes fjädrar glittrade under månens ljus. Hon började följa den stjärnklara vägen som amuletten visade. Det var en vacker väg som slingrade sig genom den mörka skogen, täckt med gnistrande stjärnljus och mjukt, månljus.

Efter en stund flög Olga in i en del av skogen som hon aldrig tidigare hade sett. Det var som en annan värld, med träd som hade ljusa, nästan lysande blad, och små, glimmande älvor som dansade mellan grenarna. Det var en magisk plats, men Olga visste att hon var på rätt väg.

Plötsligt såg Olga en liten, röd räv som stod vid kanten av en glittrande sjö. Räven såg på Olga med stora, rädda ögon. "Vad är det som är fel?" frågade Olga med sin mjuka, melodiska röst.

"Jag har sett något konstigt," sade räven med darrande röst. "En stor, mörk skugga har svept över sjön, och jag tror att den kan ha något att göra med den försvunna blomman."

Olga tackade räven för informationen och flög över sjön. Där, på andra sidan, såg hon en gammal, förfallen bro som ledde till en mystisk grotta. Amuletten började lysa starkare när hon närmade sig grottan, vilket tydde på att hon var nära sitt mål.

I grottan fann Olga en gammal, gnisslande kista. När hon öppnade kistan, fann hon en liten, sömnig drake som låg och sov på en bädd av mossiga kuddar. Draken vaknade upp och tittade på Olga med stora, nyfikna ögon.

"Hej där," sade draken. "Vad gör du här i min grotta?"

"Jag är på jakt efter Nattens Drottning," förklarade Olga. "Har du sett något till den magiska blomman?"

Draken tänkte efter och sa sedan: "Jo, jag tror jag såg den här för några dagar sedan. Den flög över skogen och landade på en särskild plats där stjärnorna verkar dansa."

Olga tackade draken och flög iväg mot den plats där stjärnorna verkade dansa. Det var en plats där luften var full av gnistrande ljus och en vacker melodi fyllde natten. Mitt bland alla stjärnor fanns det en liten, lysande blomma som glimmade som en stjärna själv.

Olga flög fram till blomman och såg att den var Nattens Drottning. Den hade en strålande, magisk lyster som fyllde hela skogen med ett mjukt, vackert ljus. Olga tog försiktigt blomman och började flyga tillbaka till skogens kung Albin.

När hon återvände med Nattens Drottning, var hela skogen i feststämning. Alla djuren samlades runt den magiska blomman, som nu lyste upp natten med sitt förtrollande sken. Det var den mest fantastiska fest som skogen någonsin hade sett.

Albin, den gamla älgen, tackade Olga hjärtligt för hennes hjältemod och skicklighet. "Du har räddat vår fest och gjort skogen till en ännu vackrare plats. Vi kommer alltid att vara tacksamma för din hjälp."

Olga kände sig glad och nöjd när hon såg alla djuren i skogen dansa och fira. Hon visste att det var hennes magiska krafter och hennes vilja att hjälpa som hade gjort detta äventyr så speciellt. Och så, med en hjärta fyllt av glädje och ett sinne fullt av glittrande stjärnor, flög Olga hem till sitt lilla bo, där hon kröp ner för att vila efter en lång och fantastisk natt.

Olga Owl's Fantastic Night

In a deep, dark forest where the trees were so old they almost whispered secrets to each other, lived an unusual owl named Olga. Olga was not an ordinary owl. She had large, brilliant eyes that sparkled like stars, and her feathers were all the colors of the rainbow. Every night, she flew around, not just to hunt mice or snails, but to spread joy and magic throughout the forest.

But Olga had a secret that no one else knew. Every full moon, when the moon was round and bright, Olga could perform a special kind of magic. She had discovered this when she was young, and for many years she had used her powers to help the creatures living in the forest.

One evening, when the full moon shone extra brightly and all the forest animals were preparing for a grand party, Olga received a special mission. The king of the forest, an old and wise moose named Albin, had sent a messenger for her.

"Olga, you must help us," said Albin as Olga landed near his majestic oak tree. "We've received reports that a mysterious, magical flower called the Queen of the Night has disappeared from the forest. Without it, our party will be a disaster! No one knows where it has gone."

Olga nodded seriously. "I will do my best to find it. I know all the hidden places in the forest, and I will start right away."

Albin gave her a small, sparkling amulet that would help her find the missing flower. "This amulet has magical properties that can lead you to the Queen of the Night. Follow the starry path, and it will show you the way."

Olga thanked Albin and flew off, her feathers shimmering under the moonlight. She began to follow the starry path indicated by the amulet. It was a beautiful trail winding through the dark forest, covered in sparkling starlight and soft moonlight.

After a while, Olga flew into a part of the forest she had never seen before. It was like another world, with trees that had bright, almost glowing leaves, and tiny, sparkling fairies dancing between the branches. It was a magical place, but Olga knew she was on the right track.

Suddenly, Olga saw a small, red fox standing by the edge of a glittering lake. The fox looked at Olga with wide, frightened eyes. "What's wrong?" asked Olga with her soft, melodic voice.

"I've seen something strange," said the fox with a trembling voice. "A large, dark shadow swept across the lake, and I think it might be related to the missing flower."

Olga thanked the fox for the information and flew across the lake. There, on the other side, she saw an old, dilapidated bridge leading to a mysterious cave. The amulet began to glow brighter as she approached the cave, indicating that she was close to her goal.

Inside the cave, Olga found an old, creaky chest. When she opened the chest, she found a small, sleepy dragon lying on a bed of mossy cushions. The dragon woke up and looked at Olga with big, curious eyes.

"Hello there," said the dragon. "What are you doing in my cave?"

"I'm searching for the Queen of the Night," explained Olga. "Have you seen anything of the magical flower?"

The dragon thought for a moment and then said, "Yes, I think I saw it a few days ago. It flew over the forest and landed in a special place where the stars seem to dance."

Olga thanked the dragon and flew towards the place where the stars seemed to dance. It was a spot where the air was filled with sparkling lights and a beautiful melody filled the night. Amidst all the stars was a small, glowing flower that shimmered like a star itself.

Olga flew up to the flower and saw that it was the Queen of the Night. It had a radiant, magical glow that filled the whole forest with a soft, beautiful light. Olga carefully took the flower and began flying back to Forest King Albin.

When she returned with the Queen of the Night, the entire forest was in celebration. All the animals gathered around the magical flower, which now illuminated the night with its enchanting glow. It was the most fantastic party the forest had ever seen.

Albin, the old moose, thanked Olga warmly for her bravery and skill. "You have saved our party and made the forest an even more beautiful place. We will always be grateful for your help."

Olga felt happy and content as she saw all the forest animals dancing and celebrating. She knew that it was her magical powers and her willingness to help that had made this adventure so special. And so, with a heart full of joy and a mind full of sparkling stars, Olga flew home to her cozy nest, where she snuggled in to rest after a long and fantastic night.

Den Magiska Receptboken

I en liten by vid kanten av en glittrande sjö, bodde en ung och uppfinningsrik flicka vid namn Matilda Målare. Matilda hade alltid haft en passion för att måla och skapa vackra saker, men det var en annan typ av konst hon drömde om – matlagningens konst. Trots att hennes måltider var fylliga och välsmakande, hade hon en dröm om att laga magiska rätter som skulle förvandla hennes värld.

En dag när Matilda gick genom den gamla, knarrande bokhandeln som låg i slutet av byns lilla gata, snubblade hon över en gammal, dammig bok som låg gömd bland andra böcker. Omslaget var prytt med glittrande bokstäver som stavade: "Den Magiska Receptboken."

Matilda blev genast nyfiken och tog ner boken från hyllan. När hon öppnade den, flög en liten, gnistrande fjäril ut och svävade runt hennes huvud. "Åh, vad är det här?" undrade Matilda och vände på boken för att läsa vad som stod på första sidan.

Texten var skriven med gyllene bokstäver och sa: "Denna bok innehåller recept som kan göra allt från att få en regnig dag att bli solig till att skapa den mest underbara godisfesten. Men var försiktig! Magi kan vara både underbar och lite besvärlig."

Matilda blev förväntansfull. Tänk om hon kunde laga en rätt som inte bara var god utan också hade magiska effekter? Hon köpte boken och tog den hem till sitt lilla hus med en stor, härlig trädgård.

Det första receptet hon bestämde sig för att prova var "Glittrande Kanelbullar med Förtrollande Smak." Matilda följde de detaljerade instruktionerna i boken noggrant. Hon blandade ingredienserna som beskrivs, men när hon lade till den hemliga ingrediensen – ett stänk av stjärnstoft från bokens sista sida – började hela köket att lysa upp i en glittrande, magisk dimma.

När kanelbullarna var klara, såg de inte bara fantastiska ut med sitt glittrande yttre, utan när Matilda smakade en, blev hon förvånad över hur de förändrade smaken varje gång hon tog en tugga. Ena stunden smakade de av sommarens fruktträd, och i nästa sekund som en krämig chokladpudding. Varje tugga var en ny överraskning!

Matilda började experimentera med fler recept från boken. Hon gjorde "Förtrollande Smoothies med Solstrålar" som fick alla att känna sig glada och fulla av energi, och "Regnbågsglass med Glödande Smaker" som kunde förändra färg beroende på vilken tid på dagen det var. Varje gång hon lagade något nytt, blev hela byn förbluffad och hänförd.

En dag när Matilda var på väg till marknaden för att köpa några ovanliga ingredienser, hörde hon ett upprört läte från skogen vid sjön. När hon gick närmare, upptäckte hon att skogens djur hade samlats runt en gammal, förlorad häxa som var känd för sina snopna trollformler och sura miner.

Häxan såg på Matilda med stora, misstänksamma ögon och sa: "Vad gör du här, unga flicka?"

"Jag... jag lagar magisk mat med hjälp av en bok jag just har hittat," svarade Matilda nervöst och visade häxan den gamla receptboken.

Häxan skrynklade pannan och sa: "Den där boken är farlig! Den innehåller magi som kan gå fel om den inte används på rätt sätt. Om du inte är försiktig kan det hända att du åkallar något riktigt skrämmande."

Matilda blev orolig. "Jag lovar att vara försiktig. Jag vill bara använda recepten för att göra gott och hjälpa folk i byn."

Häxan stirrade på Matilda en stund innan hon sa: "Okej, jag ska ge dig en chans. Men om du råkar åkalla något besvärligt måste du komma till mig så att jag kan hjälpa dig."

Matilda tackade häxan och gick tillbaka till byn, med ett huvud fullt av tankar och en oro som hon inte kunde skaka av sig. Hon visste att hon behövde vara extra försiktig med boken nu när hon visste om dess potentiella faror.

När Matilda kom hem och öppnade boken för att välja ett nytt recept, upptäckte hon att det fanns en ny sida som hon inte hade sett förut. Denna sida visade ett recept för "Skrattande Fisksoppa med Glittrande Äventyr." Texten var skriven med en lite skakig handstil och var full av ord som Matilda inte riktigt förstod.

Trots sin oro bestämde hon sig för att ge det ett försök. Hon samlade alla ingredienser och följde instruktionerna så noggrant hon kunde. När soppan började sjuda på spisen, kände Matilda en pirrande känsla i luften. Plötsligt hörde hon ett fnissande ljud och såg att små, glittrande fiskar började simma omkring i soppan.

Till Matildas stora förvåning började soppan spruta ut små, glittrande bubblor som förvandlade det lilla köket till en färgglad fest av skrattande, dansande fiskar. Matilda var både förskräckt och förtjust. Hon insåg snart att om hon inte agerade snabbt skulle hela byn kunna få en rätt som var mer galen än fantastisk.

Så Matilda rusade till skogen för att söka hjälp från häxan. När hon kom till häxans stuga, förklarade hon läget och bad om hjälp. Häxan tittade på Matilda med en blandning av irritation och förståelse. "Okej, låt oss se vad vi kan göra för att ställa allt till rätta," sade hon.

Med häxans hjälp lyckades Matilda kontrollera den magiska soppan och få fiskarna att försvinna tillbaka till den magiska världen från vilken de kommit. När allt var lugnt igen, tackade Matilda häxan och lovade att vara mer försiktig med boken i framtiden.

Tillbaka i byn förklarade Matilda vad som hade hänt för sina vänner och grannar. De var både chockade och imponerade, men de var också glada att Matilda hade räddat dagen med hjälp av häxan. De hjälpte Matilda att laga om soppan på ett säkert sätt, och när den serverades var det den mest utsökta och glittrande soppa som någon någonsin hade smakat.

Efter den incidenten blev Matilda ännu mer försiktig med sina magiska recept och lärde sig att alltid vara medveten om bokens kraft. Hon fortsatte att laga magiska måltider, men nu använde hon recepten på ett sätt som var både säkert och underhållande.

Och så, med en nyvunnen respekt för magi och en kreativ glöd som aldrig avtog, fortsatte Matilda Målare att sprida glädje genom sin magiska matlagning. Varje måltid var en fest och varje maträtt ett äventyr, och hela byn älskade henne ännu mer för hennes fantastiska, smakfulla upptäckter.

The Magic Recipe Book

In a small village by the edge of a sparkling lake, lived a young and inventive girl named Matilda Painter. Matilda had always had a passion for painting and creating beautiful things, but it was another kind of art she dreamed of – the art of cooking. Though her meals were hearty and delicious, she dreamt of cooking magical dishes that would transform her world.

One day, as Matilda wandered through the old, creaky bookstore at the end of the village's little street, she stumbled upon an old, dusty book hidden among other books. The cover was adorned with shimmering letters that spelled: "The Magic Recipe Book."

Matilda was immediately intrigued and took the book down from the shelf. As she opened it, a tiny, sparkling butterfly flew out and fluttered around her head. "Oh, what is this?" wondered Matilda as she turned the book to read what was on the first page.

The text was written in golden letters and read: "This book contains recipes that can do everything from making a rainy day turn sunny to creating the most wonderful candy feast. But be careful! Magic can be both wonderful and a bit troublesome."

Matilda was thrilled. What if she could cook a dish that was not only delicious but also had magical effects? She bought the book and took it home to her little house with a large, lovely garden.

The first recipe she decided to try was "Sparkling Cinnamon Buns with Enchanting Flavor." Matilda followed the detailed

instructions in the book carefully. She mixed the ingredients as described, but when she added the secret ingredient – a sprinkle of star dust from the book's last page – the entire kitchen began to light up with a sparkling, magical mist.

When the cinnamon buns were done, they not only looked amazing with their shimmering exterior, but when Matilda tasted one, she was astonished at how the flavor changed with every bite. One moment they tasted like summer fruit trees, and the next like creamy chocolate pudding. Every bite was a new surprise!

Matilda began experimenting with more recipes from the book. She made "Enchanting Smoothies with Sunbeams" that made everyone feel happy and full of energy, and "Rainbow Ice Cream with Glowing Flavors" that changed color depending on the time of day. Each time she cooked something new, the whole village was amazed and delighted.

One day, as Matilda was heading to the market to buy some unusual ingredients, she heard an upset sound coming from the forest by the lake. When she got closer, she discovered that the forest animals had gathered around an old, lost witch known for her grumpy spells and sour demeanor.

The witch looked at Matilda with large, suspicious eyes and said, "What are you doing here, young girl?"

"I... I cook magical food with the help of a book I just found," Matilda replied nervously, showing the witch the old recipe book.

The witch furrowed her brow and said, "That book is dangerous! It contains magic that can go wrong if not used properly. If you're not careful, you might summon something really frightening."

Matilda was worried. "I promise to be careful. I just want to use the recipes to do good and help people in the village."

The witch stared at Matilda for a moment before she said, "Alright, I'll give you a chance. But if you happen to summon something troublesome, you must come to me so I can help you."

Matilda thanked the witch and went back to the village, with a head full of thoughts and a worry she couldn't shake. She knew she needed to be extra careful with the book now that she knew about its potential dangers.

When Matilda got home and opened the book to choose a new recipe, she discovered a new page she hadn't seen before. This page showed a recipe for "Laughing Fish Soup with Sparkling Adventures." The text was written in a somewhat shaky handwriting and was full of words Matilda didn't quite understand.

Despite her worries, she decided to give it a try. She gathered all the ingredients and followed the instructions as carefully as she could. As the soup began to simmer on the stove, Matilda felt a tingling sensation in the air. Suddenly, she heard a giggling sound and saw tiny, sparkling fish starting to swim around in the soup.

To Matilda's great surprise, the soup began to spurt out small, sparkling bubbles that turned the little kitchen into a colorful party of laughing, dancing fish. Matilda was both frightened and delighted. She realized that if she didn't act quickly, the whole village might end up with a dish that was more crazy than wonderful.

So Matilda rushed to the forest to seek help from the witch. When she arrived at the witch's cottage, she explained the situation and asked for help. The witch looked at Matilda with a mix of irritation and understanding. "Alright, let's see what we can do to set things right," she said.

With the witch's help, Matilda managed to control the magical soup and get the fish to disappear back to the magical world from which they had come. When everything was calm again, Matilda thanked the witch and promised to be more careful with the book in the future.

Back in the village, Matilda explained what had happened to her friends and neighbors. They were both shocked and impressed, but they were also glad that Matilda had saved the day with the help of the witch. They helped Matilda cook the soup again safely, and when it was served, it was the most delicious and sparkling soup anyone had ever tasted.

After the incident, Matilda became even more cautious with her magical recipes and learned to always be aware of the book's power. She continued to cook magical meals, but now she used the recipes in a way that was both safe and entertaining.

And so, with a newfound respect for magic and a creative spark that never dimmed, Matilda Painter continued to spread joy through her magical cooking. Each meal was a celebration and each dish an adventure, and the whole village loved her even more for her fantastic, flavorful discoveries.

Regnbågens Hemlighet

I en lugn och solig äng, mitt bland doftande blommor och glittrande fjärilar, bodde en liten, nyfiken mus vid namn Mickel. Mickel var inte som andra möss i hans by. Han hade en ovanlig nyfikenhet för det som låg bortom ängens gränser och drömde om äventyr som var större än de flesta kunde föreställa sig.

Varje gång Mickel såg en regnbåge på himlen, kände han en pirrande känsla i magen. Han hade hört gamla legender om att regnbågar var magiska och att deras slut ofta ledde till en gömd skatt. Men ingen i byn hade någonsin sett vad som låg vid regnbågens slut, för de var alltid borta innan man hade hunnit dit.

En dag, efter en kraftig sommarregn, såg Mickel en särskilt ljus regnbåge som sträckte sig över hela ängen. Han kände att det var dags att utforska och upptäcka regnbågens hemlighet. Med en liten ryggsäck fylld med nötter, ost och ett par gula, glänsande stövlar, gav han sig av på sitt livs äventyr.

Mickel följde regnbågens färger genom ängen, över små bäckar och genom djupa skogar. Den magiska regnbågen verkade ha ett eget liv, ibland glittrade den extra starkt och ibland verkade den nästan försvinna bort, som om den lekte med honom.

Efter att ha kämpat sig genom tjocka buskar och klättrat över stora stenar, kom Mickel till en gammal, mossbelupen bro som ledde över en djupt svarta flod. Han hade aldrig sett denna bro förut, och det verkade som den bara hade dykt upp där på grund av regnbågens magi. Med ett djupt andetag gick Mickel över bron, och när han nådde den andra sidan, stod han inför en stor, gnistrande grotta.

Grottans ingång var täckt med glittrande stenar som reflekterade regnbågens färger. Mickel tvekade en stund men gick in. Inuti grottan var det som en annan värld. Väggen var täckt med glänsande kristaller, och det fanns små ljus som svävade omkring som eldflugor. I mitten av grottan stod en stor, gyllene kista som glittrade i regnbågens alla färger.

Mickel närmade sig kistan försiktigt och öppnade den. Till hans stora förvåning var kistan fylld med glänsande, färgglada pärlor och en vacker, gammal bok som såg mycket speciell ut. Han tog upp boken och började bläddra igenom sidorna. Boken var fylld med forntida symboler och kartor, och på sista sidan fanns en illustration av en regnbåge som slutade vid ett magiskt träd.

Mickel förstod att detta träd var det sista steget i hans äventyr, och han bestämde sig för att följa den gamla kartan som fanns i boken. Han tog med sig boken och pärlorna och lämnade grottan för att hitta det magiska trädet.

När Mickel gick genom skogen, följde han kartan som visade vägen till det magiska trädet. Skogen blev tätare och mörkare, men Mickel var fast besluten. Efter en lång och ansträngande vandring kom han till en glänta där det stod ett enormt, förtrollande träd med grenar som glittrade som stjärnor.

Under trädet fanns en stor, öppning som såg ut som en dörr. Mickel gick in i öppningen och fann sig själv i en vacker, ljus värld. Det var en plats där allt var färgglatt och magiskt – blommor som sjöng, små älvor som dansade och en klar, lugnande musik som fyllde luften.

Plötsligt hörde Mickel en mjuk, vänlig röst. "Välkommen, Mickel Mus," sade en liten, ljusblå älva som flög fram till honom. "Vi har väntat på dig. Du har visat stort mod och beslutsamhet för att komma hit."

Mickel blev förvånad och frågade: "Vem är du, och vad är det här för plats?"

Älvan log och svarade: "Jag är Luminara, väktare av Regnbågens Hemlighet. Denna plats är en magisk värld som är gömd från vanliga ögon. Du har funnit det magiska trädet och därför har du rätt att lära dig hemligheten bakom regnbågen."

Luminara tog fram en liten, skimrande nyckel och gav den till Mickel. "Denna nyckel kommer att öppna den verkliga hemligheten. Följ mig."

De gick till en stor, glittrande portal som var täckt av regnbågens färger. Med nyckeln öppnade Luminara portalen, och bakom den fann Mickel en vacker, storslagen sal full av regnbågens ljus. Där, i mitten av salen, stod en stor, gyllene urna.

Luminara förklarade: "Detta är regnbågens källa. Urnan har magisk kraft som sprider glädje och färg över hela världen. Regnbågar är tecken på denna magiska källa och dess förmåga att ge liv och färg till världen."

Mickel blev överväldigad och förstod att regnbågens hemlighet inte bara var en skatt utan en magisk källa till liv och glädje. Han tackade Luminara för att ha visat honom denna fantastiska plats och lovade att sprida den magiska glädjen han hade upplevt.

Med en känsla av fulländning och ett hjärta fyllt av glädje återvände Mickel till sin lilla by. Han berättade för sina vänner och familj om sitt äventyr och visade dem de färgglada pärlorna och boken han hade hittat.

Byborna blev glada och förvånade över Mickels berättelse, och de började tro på magin i regnbågen och dess betydelse. Varje gång det regnade och en regnbåge syntes på himlen, kom alla ut för att fira och känna den glädje och magi som regnbågen hade att erbjuda.

Mickel fortsatte att utforska världen och dela sina upptäckter med andra. Han lärde sig att ibland är de största skatterna inte guldtackor eller juveler, utan de magiska ögonblicken och de färgglada upplevelserna som gör livet underbart.

Och så, med en nyfunnen uppskattning för världens magi och en hjärta fyllt av glädje, fortsatte Mickel Mus sitt äventyr, alltid med en regnbåge i sikte och en dröm om fler magiska upptäckter.

The Secret of the Rainbow

In a peaceful and sunny meadow, amidst fragrant flowers and sparkling butterflies, lived a small, curious mouse named Mickel. Mickel was not like the other mice in his village. He had an unusual curiosity for what lay beyond the meadow's edges and dreamt of adventures larger than most could imagine.

Every time Mickel saw a rainbow in the sky, he felt a tingling sensation in his belly. He had heard old legends about rainbows being magical and that their ends often led to hidden treasures. But no one in the village had ever seen what lay at the end of a rainbow, for they were always gone before anyone could reach them.

One day, after a heavy summer rain, Mickel saw a particularly bright rainbow stretching across the entire meadow. He felt it was time to explore and discover the secret of the rainbow. With a small backpack filled with nuts, cheese, and a pair of shiny yellow boots, he set off on the adventure of his life.

Mickel followed the rainbow's colors across the meadow, over small streams, and through deep forests. The magical rainbow seemed to have a life of its own; sometimes it sparkled extra brightly and other times it almost seemed to disappear, as if playing with him.

After struggling through thick bushes and climbing over large rocks, Mickel came to an old, moss-covered bridge that spanned a deep, dark river. He had never seen this bridge before, and it seemed to have appeared there due to the rainbow's magic. Taking a deep breath, Mickel crossed the bridge, and when he reached the other side, he found himself in front of a large, sparkling cave.

The cave's entrance was adorned with shimmering stones that reflected the rainbow's colors. Mickel hesitated for a moment but then went inside. Inside the cave, it was like another world. The walls were covered in glowing crystals, and there were tiny lights floating around like fireflies. In the middle of the cave stood a large, golden chest that sparkled in all the rainbow's colors.

Mickel approached the chest carefully and opened it. To his great surprise, the chest was filled with shimmering, colorful pearls and a beautiful, ancient book that looked very special. He picked up the book and began flipping through its pages. The book was filled with ancient symbols and maps, and on the last page was an illustration of a rainbow ending at a magical tree.

Mickel realized that this tree was the final step in his adventure, and he decided to follow the old map in the book. He took the book and pearls and left the cave to find the magical tree.

As Mickel walked through the forest, he followed the map that showed the way to the magical tree. The forest grew denser and darker, but Mickel was determined. After a long and exhausting journey, he arrived at a glade where stood an enormous, enchanting tree with branches that glittered like stars.

Under the tree was a large, opening that looked like a door. Mickel went inside the opening and found himself in a beautiful, light-filled world. It was a place where everything was colorful and magical – flowers that sang, tiny fairies dancing, and a clear, soothing music that filled the air.

Suddenly, Mickel heard a soft, friendly voice. "Welcome, Mickel Mouse," said a tiny, light-blue fairy who flew up to him. "We have been waiting for you. You have shown great courage and determination to get here."

Mickel was surprised and asked, "Who are you, and what is this place?"

The fairy smiled and replied, "I am Luminara, the guardian of the Rainbow's Secret. This place is a magical world hidden from ordinary eyes. You have found the magical tree, and therefore you have the right to learn the secret behind the rainbow."

Luminara took out a small, shimmering key and handed it to Mickel. "This key will unlock the true secret. Follow me."

They went to a large, sparkling portal covered in the rainbow's colors. With the key, Luminara opened the portal, and behind it, Mickel found a magnificent hall filled with the light of the rainbow. There, in the middle of the hall, stood a large, golden urn.

Luminara explained, "This is the source of the rainbow. The urn has magical power that spreads joy and color throughout the world. Rainbows are signs of this magical source and its ability to bring life and color to the world."

Mickel was overwhelmed and understood that the rainbow's secret was not just a treasure but a magical source of life and joy. He thanked Luminara for showing him this wonderful place and promised to spread the magical joy he had experienced.

With a sense of fulfillment and a heart full of joy, Mickel returned to his little village. He told his friends and family about his adventure and showed them the colorful pearls and the book he had found.

The villagers were delighted and amazed by Mickel's story, and they began to believe in the magic of the rainbow and its significance. Every time it rained and a rainbow appeared in the sky, everyone came out to celebrate and feel the joy and magic that the rainbow had to offer.

Mickel continued to explore the world and share his discoveries with others. He learned that sometimes the greatest treasures are not gold bars or jewels, but the magical moments and colorful experiences that make life wonderful.

And so, with a newfound appreciation for the magic of the world and a heart full of joy, Mickel Mouse continued his adventures, always with a rainbow in sight and a dream of more magical discoveries.

Tom och Den Försvunna Diamanten

I en frodig, djungelfylld del av världen, där de största träden kramade himlen och de mest färgglada blommorna blommade vid varje steg, bodde en särskilt ståtlig tiger vid namn Tom. Tom var inte vilken tiger som helst; han var den största och mest imponerande av dem alla, med en päls som glänste som guld och ögon som glittrade som stjärnor. Men trots sin respektingivande uppenbarelse, var Tom också känd för sin vänliga och generösa natur.

En solig eftermiddag när Tom låg och solade sig vid flodstranden, kom en nervös, liten kanin springande fram till honom. Kaninen, som hette Kalle, hade stora, oroliga ögon och hoppade fram som om han hade sett ett spöke.

"Tom! Tom!" utropade Kalle andfått. "Du måste hjälpa oss! Den stora, glittrande diamanten som vi har i djungelns helgedom har försvunnit!"

Tom reste sig genast på alla fyra tassar och såg allvarligt på Kalle. "En försvunnen diamant? Det låter allvarligt. Berätta allt du vet."

Kalle tog ett djupt andetag och berättade om den stora diamanten som varit i djungelns helgedom i hundratals år. Den var inte bara vacker, utan den hade också magiska egenskaper som skyddade djungeln från alla onda krafter. Utan den skulle djungeln vara i stor fara.

Tom nickade förstående. "Jag ska hjälpa till att hitta diamanten. Vi måste se till att djungeln är säker."

Kalle och Tom började sin sökning genast. De började med att undersöka helgedomen, en gammal och mystisk plats omgiven av tät vegetation och enorma stenblock. Helgedomen var känd för sina komplexa labyrinter av stigar och hemliga passager, vilket gjorde det lätt att förlora sig där.

När Tom och Kalle närmade sig helgedomens ingång, märkte de att stigen var täckt av färska spår. Tom böjde sig ner och nosade på marken. "Det här är nyare spår än de vi sett tidigare. Någon har varit här nyligen."

De följde spåren som ledde genom helgedomens intrikata gångar. Efter en lång promenad kom de till en stor, gammal hall. Hallen var fylld med uråldriga inskriptioner och runor som berättade om djungelns historia. Mitt i hallen stod en gigantisk, marmorlåda med en avbildning av diamanten på toppen.

Tom gick fram till lådan och öppnade den med sina kraftfulla klor. Inuti var den tom. Diamanten var verkligen borta.

"Det verkar som om vi måste gå vidare," sa Tom. "Men vi behöver fler ledtrådar."

Kalle hoppade fram och började leta omkring. Plötsligt upptäckte han något som låg gömt bakom en gammal stenplatta. Det var en liten, skrumpen lapp som såg gammal och sliten ut. Kalle ruskade om lappen och läste den högt:

"För att hitta vad du söker, följ den gyllene strålen."

Tom och Kalle tittade på varandra. "En gyllene stråle?" undrade Tom. "Vad kan det betyda?"

De bestämde sig för att följa ledtråden. De gick ut ur helgedomen och började se sig omkring efter något som kunde ge dem en ledtråd om vad den gyllene strålen var. Efter en stund upptäckte de en gammal, halvmörk grotta i närheten av floden. En liten ljusstråle bröt igenom grottans ingång och lyste upp en del av väggen.

Tom gick in i grottan, och där, mitt bland glittrande stenar och glödande alger, såg de något fantastiskt. Det var en gammal karta, inristad i bergväggen, med en gyllene linje som sträckte sig över hela kartan och slutade vid en liten, märklig punkt i djungeln.

"Det här måste vara den gyllene strålen," sa Tom. "Vi måste följa kartan."

De följde kartan genom djungeln, genom snåriga buskar och över glittrande bäckar. Det var en lång och ansträngande resa, men Tom och Kalle var beslutsamma. Till slut kom de fram till en gammal tempelruin som var täckt av mossa och vildvuxna växter.

Inuti templet fann de en gammal, krackelerad staty av en lejonkung med en gyllene krönta. Statyn höll en stor, vacker skål som var fylld med regnbågsfärgade juveler. I mitten av skålen fanns en liten, mystisk nyckel.

Tom tog nyckeln och de fortsatte att utforska templet. Snart fann de en hemlig dörr som ledde till en dold kammare. I kammaren fanns en stor, gammal bok och på bokens framsida stod det: "Hemligheternas bok."

Tom öppnade boken och bläddrade igenom sidorna. Boken var full av berättelser om djungelns magiska skapelser och hur man använde nyckeln för att låsa upp deras krafter. I en av de sista kapitlen stod det att nyckeln skulle öppna en gömd kammare som innehöll den stora diamanten.

De följde bokens instruktioner och fann en annan, hemlig passage som ledde till en dold kammare djupt under templet. När de kom in i kammaren såg de diamanten ligga på en piedestal, omgiven av ljus som glödde som regnbågens färger.

Tom och Kalle blev överlyckliga. "Vi har hittat diamanten!" ropade Kalle. "Vi måste ta den tillbaka till helgedomen."

Med stor försiktighet bar de diamanten tillbaka till helgedomen. När de kom fram, satte de försiktigt tillbaka diamanten på sin plats i marmorlådan. Diamanten började genast att glöda och ett magiskt ljus spreds över hela djungeln. Träden, blommorna och floderna verkade återigen leva och sjunga i harmoni.

Alla djur i djungeln samlades för att fira återkomsten av den stora diamanten. De tackade Tom och Kalle för deras mod och beslutsamhet. Djungeln var räddad, och alla kunde nu känna sig trygga igen.

Tom och Kalle satt tillsammans och såg på den glittrande diamanten, som nu återigen fyllde djungeln med sitt magiska ljus. "Det var en lång resa," sa Tom med ett leende. "Men det var värt det. Vi har räddat vår hemvist och lärt oss att med mod och vänskap kan vi övervinna alla utmaningar."

Kalle nickade och svarade: "Och vi har också haft ett fantastiskt äventyr tillsammans."

Med det slutade Tom och Kalle sin dag med en fest i djungeln där alla djur deltog. De sjöng, dansade och njöt av den magiska atmosfären som diamanten hade skapat. Och medan natten föll och stjärnorna började glimma på himlen, visste de att deras vänskap och mod hade gjort världen till en bättre plats.

Så fortsatte livet i djungeln, fyllt av glädje och magi, och Tom den stora tigern blev ännu mer älskad och beundrad av alla för sin hjältemodiga insats. Och varje gång en ny regnbåge visade sig på himlen, mindes alla djur det stora äventyret och den speciella vänskapen som hade räddat deras hem.

Tom and the Missing Diamond

In a lush, jungle-filled part of the world, where the tallest trees hugged the sky and the most colorful flowers bloomed at every step, lived a particularly magnificent tiger named Tom. Tom was not just any tiger; he was the largest and most impressive of them all, with a coat that shimmered like gold and eyes that sparkled like stars. But despite his imposing appearance, Tom was also known for his kind and generous nature.

One sunny afternoon as Tom lay basking by the riverbank, a nervous little rabbit named Kalle came scampering up to him. Kalle had big, worried eyes and hopped around as if he had seen a ghost.

"Tom! Tom!" Kalle exclaimed breathlessly. "You have to help us! The great, glittering diamond we have in the jungle's sanctuary has gone missing!"

Tom immediately stood up on all four paws and looked at Kalle seriously. "A missing diamond? That sounds serious. Tell me everything you know."

Kalle took a deep breath and explained about the great diamond that had been in the jungle's sanctuary for hundreds of years. It was not only beautiful but also had magical properties that protected the jungle from all evil forces. Without it, the jungle would be in great danger.

Tom nodded understandingly. "I will help find the diamond. We must make sure the jungle is safe."

Kalle and Tom began their search immediately. They started by examining the sanctuary, an ancient and mysterious place surrounded by dense vegetation and enormous boulders. The sanctuary was known for its intricate maze of paths and secret passages, making it easy to get lost.

As Tom and Kalle approached the sanctuary's entrance, they noticed that the path was covered with fresh tracks. Tom bent down and sniffed the ground. "These tracks are newer than the ones we've seen before. Someone has been here recently."

They followed the tracks, which led them through the sanctuary's intricate corridors. After a long walk, they arrived at a large, ancient hall. The hall was filled with ancient inscriptions and runes telling the story of the jungle. In the center of the hall stood a gigantic marble chest with an image of the diamond on top.

Tom approached the chest and opened it with his powerful claws. Inside, it was empty. The diamond was indeed gone.

"It looks like we need to move on," said Tom. "But we need more clues."

Kalle hopped around and began searching. Suddenly, he discovered something hidden behind an old stone slab. It was a small, crumpled note that looked old and tattered. Kalle shook the note and read it aloud:

"To find what you seek, follow the golden beam."

Tom and Kalle looked at each other. "A golden beam?" wondered Tom. "What could that mean?"

They decided to follow the clue. They went outside the sanctuary and began looking for something that might hint at what the golden beam was. After a while, they discovered an old, dark cave near the river. A small beam of light broke through the cave's entrance and illuminated part of the wall.

Tom entered the cave, and there, among shimmering stones and glowing algae, they saw something amazing. It was an old map, engraved on the rock wall, with a golden line stretching across the map and ending at a small, peculiar point in the jungle.

"This must be the golden beam," said Tom. "We need to follow the map."

They followed the map through the jungle, through tangled bushes and over sparkling streams. It was a long and exhausting journey, but Tom and Kalle were determined. Finally, they arrived at an old temple ruin covered in moss and overgrown plants.

Inside the temple, they found an ancient, cracked statue of a lion king with a golden crown. The statue held a large, beautiful bowl filled with rainbow-colored jewels. In the center of the bowl was a small, mysterious key.

Tom took the key, and they continued to explore the temple. Soon, they found a secret door leading to a hidden chamber. In the chamber was a large, old book with the title: "The Book of Secrets."

Tom opened the book and flipped through its pages. The book was full of stories about the jungle's magical creations and how to use the key to unlock their powers. In one of the last chapters, it stated that the key would open a hidden chamber containing the great diamond.

They followed the book's instructions and found another secret passage leading to a hidden chamber deep under the temple. When they entered the chamber, they saw the diamond lying on a pedestal, surrounded by light that glowed like the colors of the rainbow.

Tom and Kalle were overjoyed. "We've found the diamond!" Kalle exclaimed. "We must take it back to the sanctuary."

With great care, they carried the diamond back to the sanctuary. When they arrived, they carefully placed the diamond back in its place in the marble chest. The diamond immediately began to glow, and a magical light spread over the entire jungle. The trees, flowers, and rivers seemed to come alive and sing in harmony again.

All the animals in the jungle gathered to celebrate the return of the great diamond. They thanked Tom and Kalle for their bravery and determination. The jungle was saved, and everyone could now feel safe once again.

Tom and Kalle sat together and looked at the sparkling diamond, which had once again filled the jungle with its magical light. "It was a long journey," said Tom with a smile. "But it was worth it. We've saved our home and learned that with courage and friendship, we can overcome any challenge."

Kalle nodded and replied, "And we've also had a fantastic adventure together."

With that, Tom and Kalle ended their day with a celebration in the jungle where all the animals participated. They sang, danced, and enjoyed the magical atmosphere that the diamond had created. And as the night fell and the stars began to twinkle in the sky, they knew that their friendship and bravery had made the world a better place.

So life in the jungle continued, filled with joy and magic, and Tom the great tiger became even more loved and admired by all for his heroic deeds. And every time a new rainbow appeared in the sky, all the animals remembered the great adventure and the special friendship that had saved their home.

Ekorren Enok och Elefanten som Sjöng

I en djungel långt borta, som var full av färgglada blommor och knarrande träd, bodde en liten ekorre vid namn Enok. Enok var inte som alla andra ekorrar; han hade en speciell talang – han älskade att sjunga! Varje morgon när solen steg upp, sjöng Enok så högt att det nästan lät som en orkester av små fåglar. Hans sånger fick blommorna att dansa och fåglarna att kvittra glatt.

Men en dag, när Enok sjöng sin favoritmelodi, hörde han något som var helt annorlunda – en magnifik, djup sång som verkade komma från djungelns djupaste vrå. Den var så vacker och mäktig att Enok trodde att han drömde. Han slutade sjunga och lyssnade noggrant. Den mystiska sången var så förtrollande att den fyllde hela djungeln med en magisk, drömsk känsla.

Enok bestämde sig för att följa den underbara melodin. Han klättrade upp i det högsta trädet och såg sig omkring. Sången verkade komma från en del av djungeln som han aldrig tidigare hade utforskat. Utan att tveka började Enok sin resa mot den magiska sången.

När han kom till djungelns dolda hörn, fann han en stor glänta där en fantastisk scen hade formats av naturen själv. I mitten av gläntan stod en enorm, ljusgrå elefant med stora, vänliga ögon och en glänsande, vacker trumpet. Elefanten var mitt uppe i att sjunga en melodi som var så kraftfull att den fick träden att svaja och floderna att glittra.

Enok blev helt förbluffad. Han hade aldrig sett en elefant sjunga så förtrollande förut. Han närmade sig försiktigt och presenterade sig. "Hej! Jag heter Enok, och jag kunde inte låta bli att följa din fantastiska sång. Jag har aldrig hört något så vackert!"

Elefanten slutade sjunga och log vänligt mot Enok. "Hej, Enok. Jag heter Elof. Jag är glad att du tycker om min sång. Jag älskar att sjunga och göra djungeln glad."

Enok blev glad över att ha träffat Elof och de började prata om musik och sång. Elof berättade för Enok att han hade en speciell gåva – hans sång hade magiska krafter som kunde hela djungeln och få alla djur att känna sig lyckliga. Men det var en hemlighet som Elof hade hållit för sig själv, eftersom han inte ville att det skulle användas fel.

Enok blev nyfiken och ville lära sig mer om Elofs sång och dess magiska krafter. Han bad Elof att lära honom allt han visste. Elof log och sa att han gärna ville dela sin kunskap, men först måste Enok hjälpa till med en viktig uppgift.

"Vad är det för uppgift?" frågade Enok nyfiket.

Elof berättade att en del av djungeln, en gammal och vacker del, hade blivit sorgsen och tråkig på grund av att magin från Elofs sång hade blivit svag. För att återställa magin behövde de hitta en särskild blomma som bara blommar en gång vart hundrade år. Denna blomma hade en sällsynt färg och lukt som var avgörande för att återställa Elofs sångs magiska kraft.

"Vi behöver hitta den här blomman och använda dess kraft för att återställa magin i djungeln," förklarade Elof.

Enok, som var ivrig att hjälpa sin nya vän, gick genast med på att hjälpa till. De började sin sökning genom djungeln, letande efter den sällsynta blomman. De stötte på många hinder – buskar som verkade leva och träd som rörde sig som om de ville hindra dem. Men Enok och Elof gav inte upp.

Efter en lång och svår resa kom de till en gammal, övervuxen glänta som var täckt med mystiska dimmor. Där, mitt bland det gröna, såg de en blommig planta med en blomma som glödde som en regnbåge. Den var vackrare än någon blomma de någonsin hade sett.

"Det måste vara den blomman vi letar efter!" utropade Enok. Han plockade försiktigt blomman och kände dess magiska energi pulsera i hans tassar.

Med blomman i handen återvände de till Elofs scen. Elof satte blomman på en plats i mitten av gläntan och började sjunga sin speciella melodi. När Elof sjöng, spred sig en varm, gyllene ljus över hela djungeln. Träden började blomstra, floderna började sjunga, och alla djur kom ut för att se den magiska förvandlingen.

Enok kände sig rörd och glad över att ha hjälpt till att återställa magin i djungeln. Han och Elof firade med ett stort kalas där alla djur deltog. Det var en fest fylld med skratt, dans och musik. Elofs sång hade återigen fyllt djungeln med glädje och magi.

"Jag är så tacksam för din hjälp, Enok," sade Elof. "Du har verkligen gjort en stor skillnad. Din vänskap och din vilja att hjälpa har gjort djungeln till en vackrare plats."

Enok kände sig stolt och glad över att ha fått vara en del av denna speciella upplevelse. "Och jag är glad att jag har fått lära känna dig, Elof. Din sång är magisk och jag hoppas att vi alltid kommer att vara vänner."

Efter kalaset och festen återvände Enok till sitt hem med en ny känsla av glädje och tillfredsställelse. Han visste att han hade gjort något bra och att djungeln nu var full av liv och magi igen.

Och så fortsatte Enok sitt liv i djungeln, med Elofs fantastiska sång som en påminnelse om det magiska äventyret de hade haft tillsammans. Varje gång Enok hörde en ny melodi i djungeln, mindes han sin vän och den speciella blomman som hade återställt magin till deras hem.

Så levde Enok lyckligt med sina djurvänner, fylld med musik och magi, och ibland när Elof började sjunga, visste alla att djungeln var ett magiskt och glädjefyllt ställe tack vare den fantastiska sången från en stor, vänlig elefant.

Enoch the Squirrel and the Singing Elephant

In a faraway jungle, full of colorful flowers and creaking trees, lived a little squirrel named Enoch. Enoch was not like all the other squirrels; he had a special talent – he loved to sing! Every morning when the sun rose, Enoch sang so loudly that it almost sounded like an orchestra of tiny birds. His songs made the flowers dance and the birds chirp happily.

But one day, while Enoch was singing his favorite tune, he heard something completely different – a magnificent, deep song that seemed to come from the deepest part of the jungle. It was so beautiful and powerful that Enoch thought he was dreaming. He stopped singing and listened carefully. The mysterious song was so enchanting that it filled the entire jungle with a magical, dreamy feeling.

Enoch decided to follow the wonderful melody. He climbed up the tallest tree and looked around. The song seemed to come from a part of the jungle he had never explored before. Without hesitation, Enoch began his journey towards the magical song.

When he reached the jungle's hidden corner, he found a large clearing where a fantastic stage had formed by nature itself. In the middle of the clearing stood a huge, light-gray elephant with big, friendly eyes and a shiny, beautiful trumpet. The elephant was in the midst of singing a melody so powerful that it made the trees sway and the rivers sparkle.

Enoch was completely astonished. He had never seen an elephant sing so enchantingly before. He approached carefully and introduced himself. "Hello! I'm Enoch, and I couldn't help but follow your amazing song. I've never heard anything so beautiful!"

The elephant stopped singing and smiled kindly at Enoch. "Hello, Enoch. I'm Elof. I'm glad you enjoy my song. I love singing and making the jungle happy."

Enoch was delighted to meet Elof, and they began talking about music and singing. Elof told Enoch that he had a special gift – his song had magical powers that could heal the jungle and make all the animals feel happy. But it was a secret that Elof had kept to himself, as he didn't want it to be used wrongly.

Enoch became curious and wanted to learn more about Elof's song and its magical powers. He asked Elof to teach him everything he knew. Elof smiled and said he would be happy to share his knowledge, but first, they needed to complete an important task.

"What task is that?" Enoch asked eagerly.

Elof explained that a part of the jungle, an old and beautiful part, had become sad and dreary because the magic from Elof's song had grown weak. To restore the magic, they needed to find a special flower that only blooms once every hundred years. This flower had a rare color and scent that was crucial for restoring the magical power of Elof's song.

"We need to find this flower and use its power to restore the magic in the jungle," Elof explained.

Enoch, eager to help his new friend, immediately agreed to assist. They began their search through the jungle, looking for the rare flower. They encountered many obstacles – bushes that seemed alive and trees that moved as if they wanted to hinder them. But Enoch and Elof did not give up.

After a long and challenging journey, they reached an old, overgrown clearing covered with mysterious mist. There, amidst the green, they saw a flowering plant with a flower that glowed like a rainbow. It was more beautiful than any flower they had ever seen.

"It must be the flower we're looking for!" Enoch exclaimed. He carefully picked the flower and felt its magical energy pulsating in his paws.

With the flower in hand, they returned to Elof's stage. Elof placed the flower in a spot in the middle of the clearing and began singing his special melody. As Elof sang, a warm, golden light spread over the entire jungle. The trees began to blossom, the rivers started to sing, and all the animals came out to witness the magical transformation.

Enoch felt touched and happy to have helped restore the magic in the jungle. He and Elof celebrated with a grand feast where all the animals participated. It was a party filled with laughter, dancing, and music. Elof's song had once again filled the jungle with joy and magic.

"I'm so grateful for your help, Enoch," Elof said. "You've truly made a big difference. Your friendship and willingness to help have made the jungle a more beautiful place."

Enoch felt proud and happy to have been part of this special experience. "And I'm glad I got to know you, Elof. Your song is magical, and I hope we will always be friends."

After the feast and celebration, Enoch returned to his home with a new sense of joy and satisfaction. He knew he had done something good and that the jungle was now full of life and magic again.

And so, Enoch continued his life in the jungle, with Elof's fantastic song as a reminder of the magical adventure they had together. Every time Enoch heard a new melody in the jungle, he remembered his friend and the special flower that had restored the magic to their home.

Thus, Enoch lived happily with his animal friends, filled with music and magic, and sometimes when Elof began to sing, everyone knew that the jungle was a magical and joyful place thanks to the amazing song of a great, friendly elephant.